AF289449

Impressum
Verlag: BABADADA GmbH, Nedderfeld 112 , 22529 Hamburg
Geschäftsführer / Verlagsleitung: Harald Hof
Druck: Books on Demand GmbH, In de Tarpen 42, 22848 Norderstedt

Imprint
Publisher: BABADADA GmbH, Nedderfeld 112 , 22529 Hamburg, Germany
Managing Director / Publishing direction: Harald Hof
Print: Books on Demand GmbH, In de Tarpen 42, 22848 Norderstedt, Germany

la escuela

xue xiao

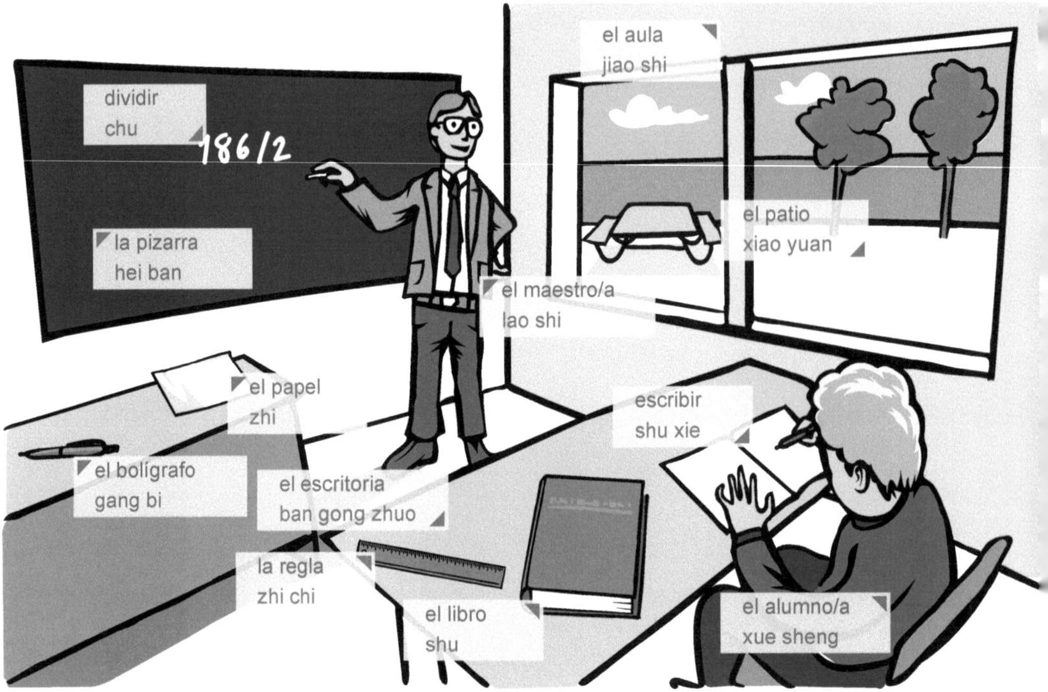
el aula
jiao shi
dividir
chu
186/2
la pizarra
hei ban
el patio
xiao yuan
el maestro/a
lao shi
el papel
zhi
escribir
shu xie
el bolígrafo
gang bi
el escritoria
ban gong zhuo
la regla
zhi chi
el libro
shu
el alumno/a
xue sheng

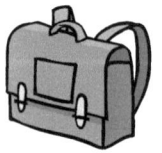

la cartera

shu bao

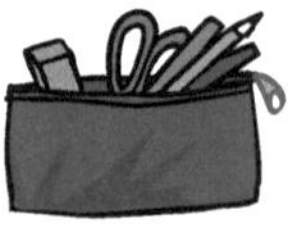

la caja de lápices

qian bi he

el lápiz

qian bi

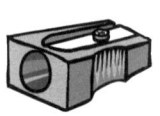

el sacapuntas

juan bi dao

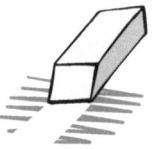

la goma de borrar

xiang pi ca

el cuaderno de dibujo

hua ban

el dibujo

tu hua

el pincel

hua bi

la caja de pinturas

yan liao he

las tijeras

jian dao

el pegamento

jiao shui

el cuaderno de ejercicios

lian xi ce

los deberes

jia ting zuo ye

el número

shu zi

sumar

jia

rcstar

jian

multıplıcar

cheng

calcular

ji suan

la letra

zi mu

el alfabeto

zi mu biao

la palabra

zi

el texto

ke wen

leer

du

la tiza

fen bi

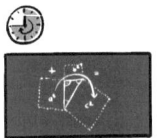

la lección

shang ke

el cuaderno de notas

deng ji

el examen

kao shi

el certificado

zheng shu

el uniforme

xiao fu

la educación

jiao yu

la enciclopedia

bai ke quan shu

la universidad

da xue

el microscopio

xian wei jing

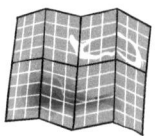

el mapa

di tu

la papelera

fei zhi kuang

el viaje
lü xing

el hotel
jiu dian
Grand
el albergue
qing nian lü xing she
a oficina de cambio de divisas
vai bi dui huan chu
CHANGE
la maleta
shou ti xiang
el coche
qi che

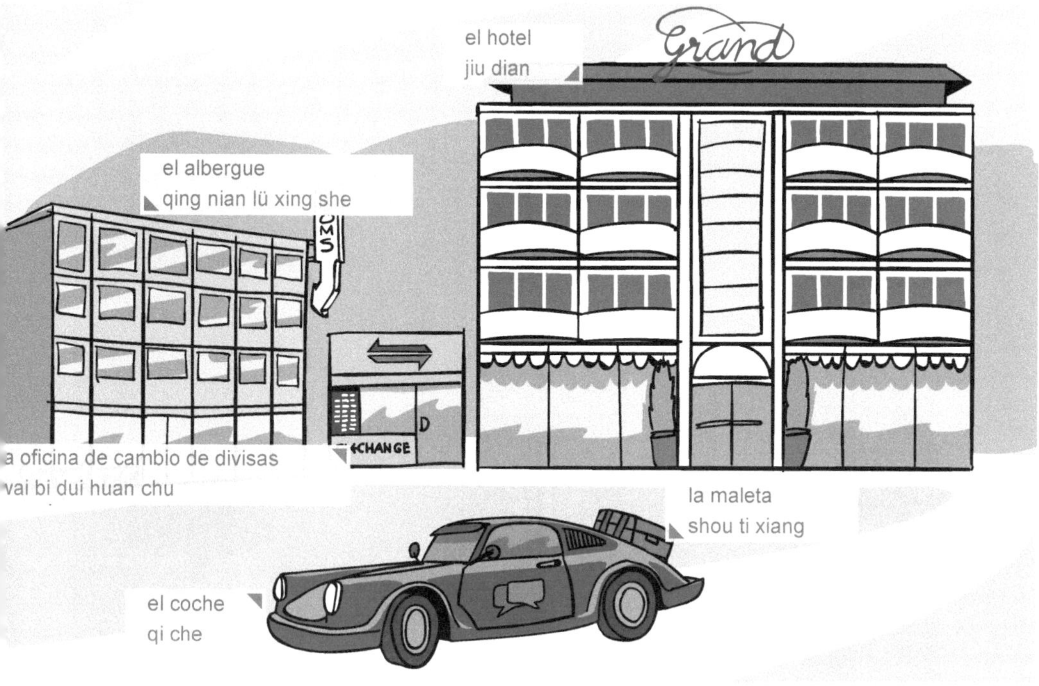

el idioma

yu yan

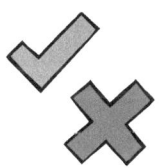

sí / no

shi/fou

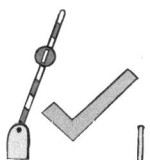

Vale

hao de

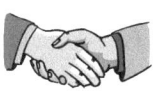

hola

nin hao

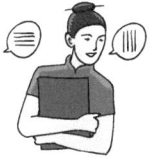

el traductor

fan yi yuan

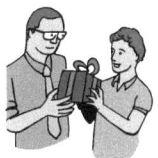

Gracias

xie xie

¿cuánto es…?

......duo shao qian?

No entiendo

wo bu ming bai

el problema

wen ti

¡Buenas tardes!

wan shang hao!

¡Buenos días!

zao shang hao!

¡Buenas noches!

wan an!

adiós

zai jian

la dirección

fang xiang

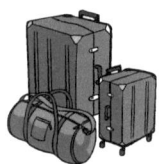

el equipaje

xing li

la bolsa

bao

la mochila

shuang jian bao

el invitado

ke ren

la habitación

fang jian

el saco de dormir

shui dai

la tienda de campaña

zhang peng

la información turística

lü you xin xi

la playa

hai tan

la tarjeta de crédito

xin yong ka

el desayuno

zao can

el almuerzo

wu can

la cena

wan can

el billete

piao

el ascensor

dian ti

el sello

you piao

la frontera

bian jie

la aduana

hai guan

la embajada

da shi guan

la visa

qian zheng

el pasaporte

hu zhao

el transporte
jiao tong yun shu

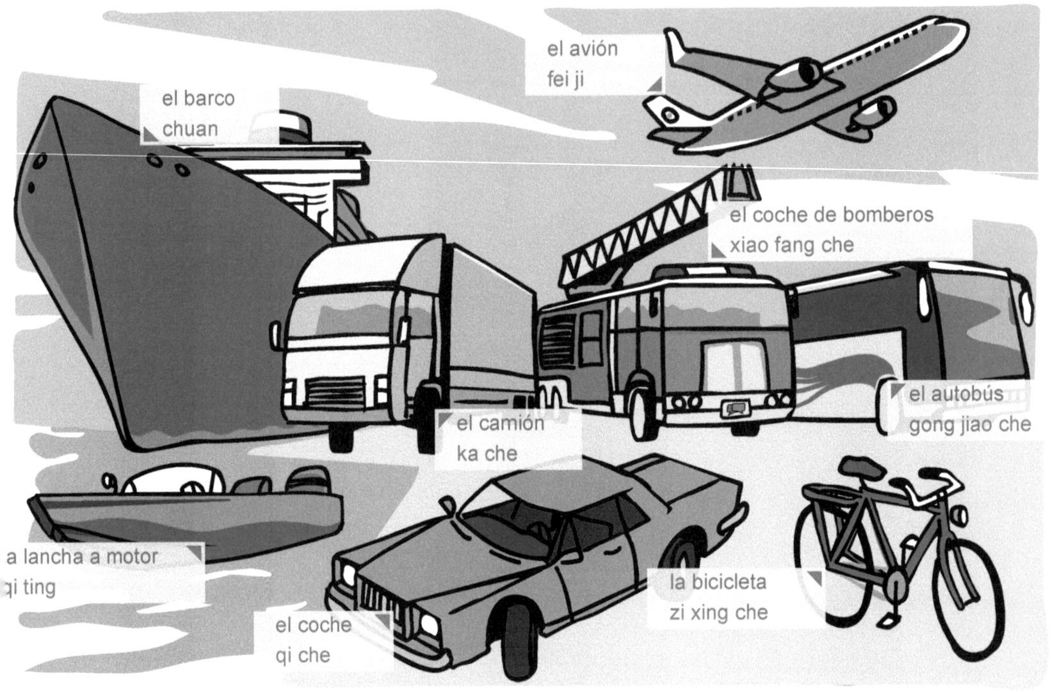
el avión
fei ji
el barco
chuan
el coche de bomberos
xiao fang che
el autobús
gong jiao che
el camión
ka che
a lancha a motor
qi ting
la bicicleta
zi xing che
el coche
qi che

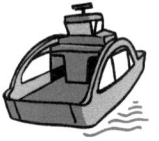

el transbordador

bai du chuan

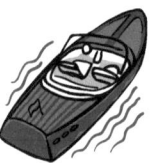

la barca

xiao chuan

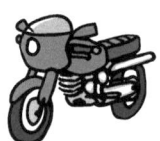

la moto

mo tuo che

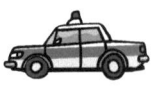

el coche de policía

jing che

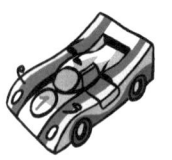

el coche de carreras

sai che

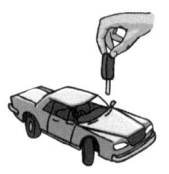

el coche de alquiler

zu che

el préstamo de vehículos

pin che

la grúa

tuo che

el camión de la basura

la ji che

el motor

fa dong ji

la gasolina

qi you

la gasolinera

jia you zhan

la señal de tráfico

jiao tong biao zhi

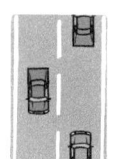

el tráfico

jiao tong

el atasco

jiao tong du sai

el aparcamiento

ting che chang

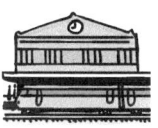

la estación de tren

huo che zhan

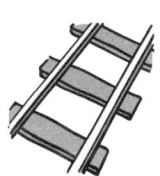

las vías

gui dao

el tren

huo che

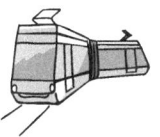

el tranvía

dian che

el vagón

huo che

el helicóptero

zhi sheng ji

el aeropuerto

ji chang

la torre

ta

el pasajero

cheng ke

el contenedor

ji zhuang xiang

la caja de cartón

zhi ban xiang

la carretilla

shou tui che

la cesta

lan zi

despegar / aterrizar

qi fei/jiang luo

la ciudad

cheng shi

el pueblo

cun zhuang

el centro de la ciudad

shi zhong xin

la casa

fang zi

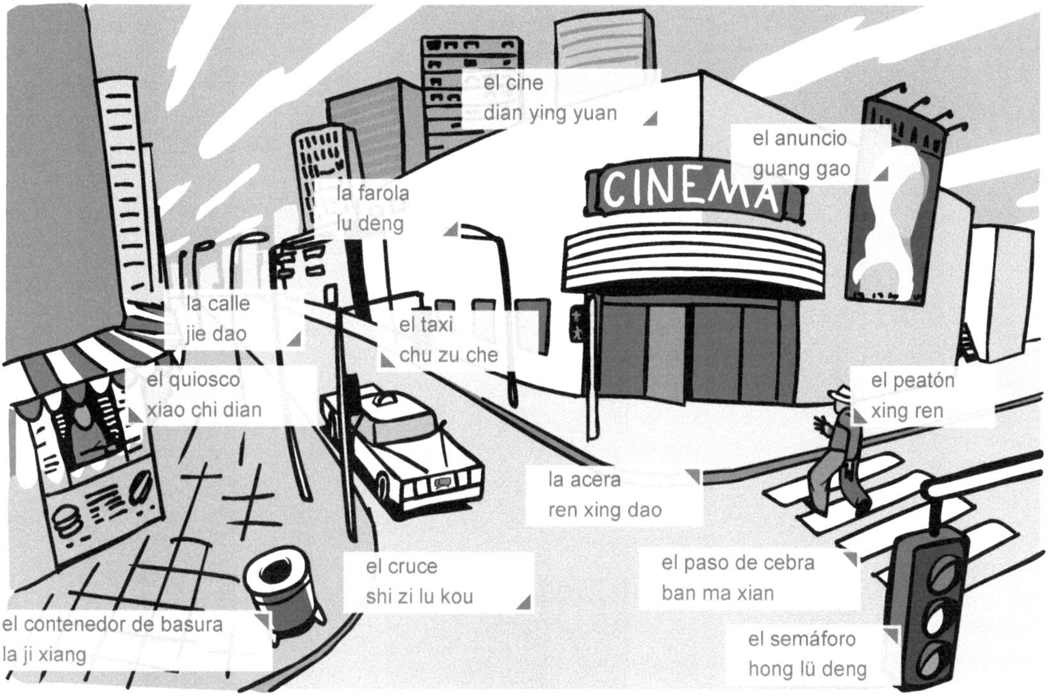

el cine
dian ying yuan
el anuncio
guang gao
CINEMA
la farola
lu deng
la calle
jie dao
el taxi
chu zu che
el quiosco
xiao chi dian
el peatón
xing ren
la acera
ren xing dao
el cruce
shi zi lu kou
el paso de cebra
ban ma xian
el contenedor de basura
la ji xiang
el semáforo
hong lü deng

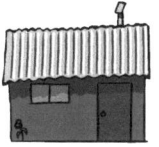

la cabaña

xiao wu

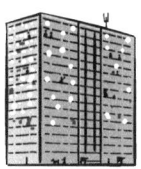

el apartamento

gong yu

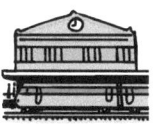

la estación de tren

huo che zhan

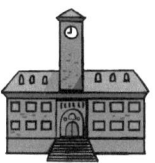

el ayuntamiento

shi zheng ting

MUSEUM

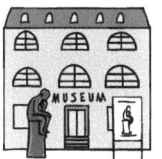

el museo

bo wu guan

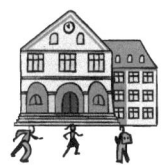

la escuela

xue xiao

la universidad

da xue

el banco

yin hang

el hospital

yi yuan

el hotel

jiu dian

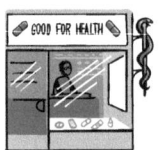

la farmacia

yao fang

la oficina

ban gong shi

la librería

shu dian

la tienda de campaña

shang dian

la floristería

hua dian

el supermercado

chao shi

el mercado

shi chang

los grandes almacenes

bai huo shang dian

la pescadería

yu dian

el centro comercial

gou wu zhong xin

el puerto

hai gang

el parque

gong yuan

el banco

chang deng

el puente

qiao

las escaleras

lou ti

el metro

di tie

el túnel

sui dao

la parada de autobús

gong jiao che zhan

el bar

jiu ba

el restaurante

can guan

cl buzón

you tong

el poste ındıcador

lu biao

el parquímetro

ting che ji shi qi

el zoo

dong wu yuan

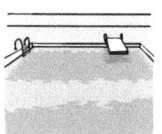

la piscina

you yong guan

la mezquita

qing zhen si

la granja

nong chang

la contaminación

wu ran

el cementerio

mu di

la iglesia

jiao tang

el patio de juego

cao chang

el templo

si miao

el paisaje

di xing

la hoja
shu ye

la señal
zhi shi pai

el camino
lu

el prado
cao di

la piedra
shi tou

el excursionista
tu bu lü xing zhe

el árbol
shu

el río
he

la hierba
cao

la flor
hua

el valle

xia gu

la colina

shan

el lago

hu

el bosque

sen lin

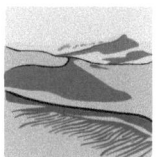

el desierto

sha mo

el volcán

huo shan

el castillo

cheng bao

el arcoíris

cai hong

el champiñón

mo gu

la palmera

zong lü shu

el mosquito

wen zi

la mosca

cang ying

la hormiga

ma yi

la abeja

mi feng

la araña

zhi zhu

el escarabajo

jia chong

la rana

qing wa

la ardilla

song shu

el erizo

ci wei

la liebre

ye tu

la lechuza

mao tou ying

el pájaro

niao

el cisne

tian e

el jabalí

ye zhu

el ciervo

lu

el alce

mi lu

la presa

shui ba

la turbina eólica

feng li fa dian ji

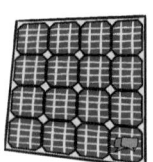

el panel solar

tai yang neng dian chi ban

el clima

qi hou

el restaurante
can guan

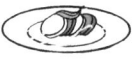

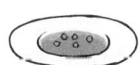

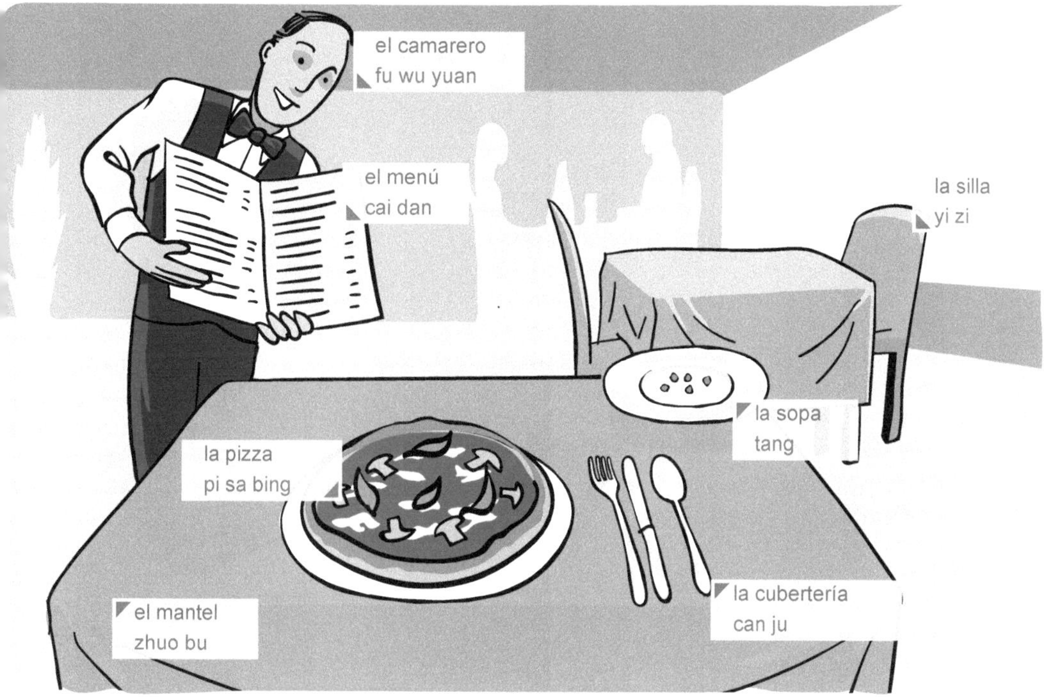
el camarero
fu wu yuan
el menú
cai dan
la silla
yi zi
la sopa
tang
la pizza
pi sa bing
el mantel
zhuo bu
la cubertería
can ju

el primer plato

qian cai

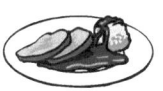

el plato principal

zhu cai

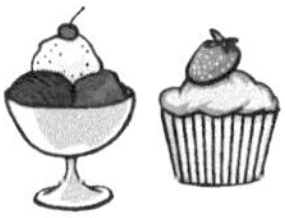

el postre

tian dian

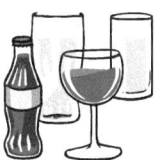

las bebidas

yin liao

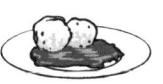

la comida

shi wu

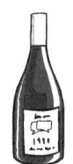

la botella

ping zi

la comida rápida

kuai can

la comida callejera

jie bian xiao chi

la tetera

cha hu

el azucarero

tang he

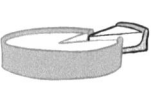

la porción

yi fen fan cai

la cafetera expreso

yi shi ka fei ji

la trona

gao jiao yi

la cuenta

zhang dan

la bandeja

tuo pan

el cuchillo

dao

el tenedor

can cha

la cuchara

shao zi

la cucharilla

cha chi

la servilleta

can jin

el vaso

bo li bei

el plato

die zi

el plato hondo

tang pan

el platillo

die zi

la salsa

jiang

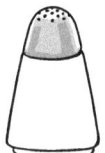

el salero

yan ping

el molinillo de pimienta

hu jiao mo

el vinagre

cu

el aceite

shi yong you

las especias

tiao wei liao

el kctchup

fan qie jiang

la mostaza

jie mo

la mayonesa

dan huang jiang

el supermercado
chao shi

la oferta especial
te jia
FOR
el cliente
gu ke
los lácteos
ru zhi pin
la fruta
shui guo
el carro de compra
gou wu che

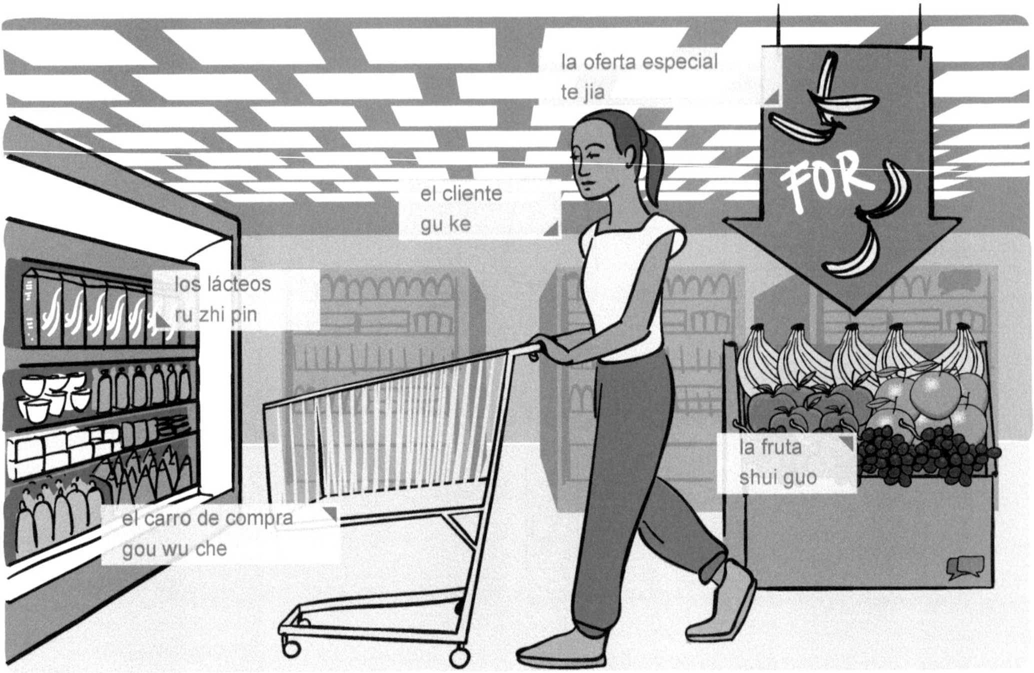

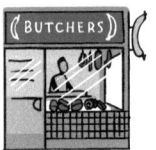

BUTCHERS
la carniceria

rou pu

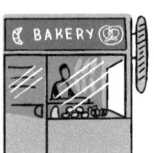

BAKERY
la panadería

mian bao fang

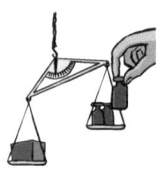

pesar

cheng zhong

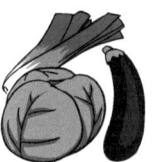

las verduras

shu cai

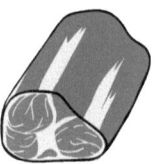

la carne

rou

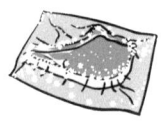

los alimentos congelados

leng dong shi pin

los fiambres

leng pan

las conservas

guan tou shi pin

el detergente en polvo

xi yi fen

los dulces

tian shi

productos de uso doméstico

ri yong pin

productos de limpieza

qing jie yong pin

la vendedora

xiao shou yuan

la caja de cartón

shou yin ji

el cajero

shou yin yuan

la lista de la compra

gou wu qing dan

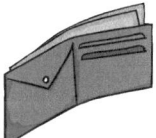

el horario de atención al
público

kai fang shi jian

la cartera

qian bao

la tarjeta de crédito

xin yong ka

la bolsa de plástico

dai zi

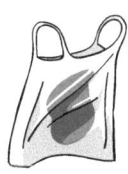

la bolsa de plástico

su liao dai

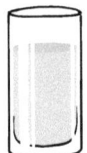

el agua

shui

el zumo

guo zhi

la leche

niu nai

la cola

ke le

el vino

hong jiu

la cerveza

pi jiu

el alcohol

jiu

el cacao

ke ke

el té

cha

el café

ka fei

el expreso

yi shi nong suo ka fei

el capuchino

ka bu qi nuo

el plátano

xiang jiao

la manzana

ping guo

la naranja

cheng zi

el melón

xi gua

el limón

ning meng

la zanahoria

hu luo bo

el ajo

da suan

el bambú

zhu zi

la cebolla

yang cong

el champiñón

mo gu

las avellanas

jian guo

los fideos

mian tiao

las espagueti

yi da li mian tiao

el arroz

mi fan

la ensalada

sha la

las patatas fritas

shu tiao

las patatas fritas

zha tu dou

la pizza

pi sa bing

la hamburguesa

han bao bao

el sándwich

san ming zhi

el filete

zha zhu pai

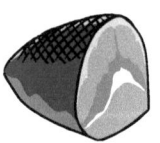

el jamón

huo tui

le salami

sa la mi

la salchicha

xiang chang

el pollo

ji rou

el asado

kao rou

el pescado

yu

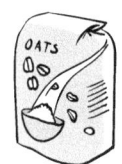

los copos de avena

yan mai pian

el muesli

mu zi li

los copos de maíz

yu mi pian

la harina

mian fen

el cruasán

yang jiao mian bao

el panecillo

mian bao juan

el pan

mian bao

la tostada

kao mian bao

las galletas

bing gan

la mantequilla

huang you

la cuajada

ning ru

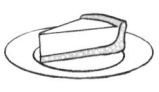

el pastel

dan gao

el huevo

dan

el huevo frito

jian dan

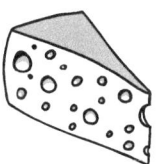

el queso

nai lao

el helado

bing ji lin

el azúcar

tang

la miel

feng mi

la mermelada

guo jiang

la crema de turrón

qiao ke li jiang

el curry

ga li fan

la granja
nong chang

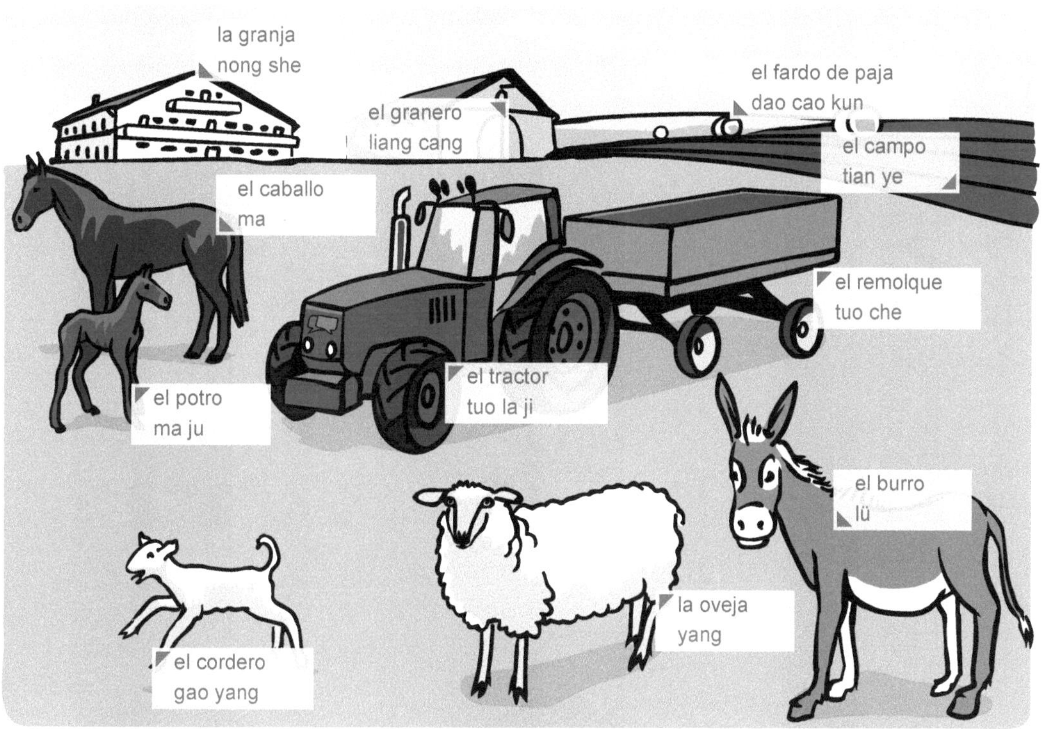
la granja
nong she
el granero
liang cang
el fardo de paja
dao cao kun
el campo
tian ye
el caballo
ma
el remolque
tuo che
el tractor
tuo la ji
el potro
ma ju
el burro
lü
la oveja
yang
el cordero
gao yang

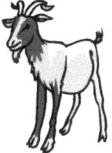

la cabra

shan yang

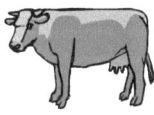

la vaca

nai niu

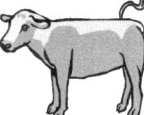

el ternero

niu du

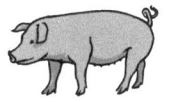

el cerdo

zhu

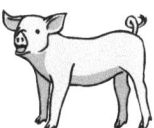

el cerdito

xiao zhu

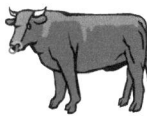

el toro

gong niu

el ganso
e

el pato
ya

el pollo
xiao ji

la gallina
mu ji

el gallo
gong ji

la rata
shu

el gato
mao

el ratón
lao shu

el buey
niu

el perro
gou

la perrera
gou wu

la manguera
hua yuan jiao shui ruan
guan

la regadera
sa shui hu

la guadaña
chang bing da lian dao

el arado
li

la hoz

lian dao

la azada

chu tou

la horca

chang bing cao pa

el hacha

fu tou

la carretilla

du lun shou tui che

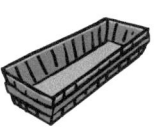

el abrevadero

si liao cao

la lechera

niu nai guan

el saco

ma bu dai

la valla

zha lan

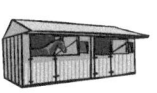

el establo

ma jiu

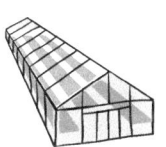

el invernadero

wen shi

el suelo

tu rang

la semilla

zhong zi

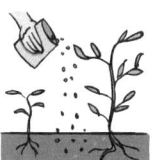

el fertilizador

fei liao

la cosechadora

lian he shou ge ji

cosechar

shou ge

la cosecha

shou ge

el ñame

shan yao

el trigo

xiao mai

el soja

da dou

la patata

tu dou

el maíz

yu mi

la semilla de colza

you cai zi

el árbol frutal

guo shu

la mandioca

shu shu

las cereales

gu wu

la casa
fang zi

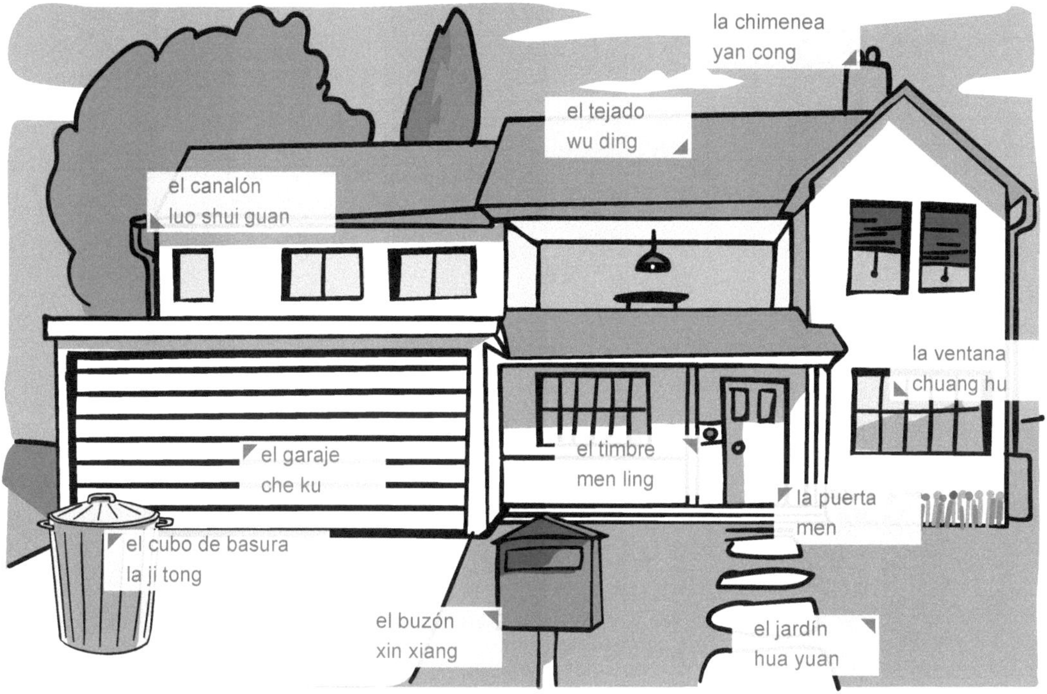
la chimenea
yan cong
el tejado
wu ding
el canalón
luo shui guan
la ventana
chuang hu
el garaje
che ku
el timbre
men ling
la puerta
men
el cubo de basura
la ji tong
el buzón
xin xiang
el jardín
hua yuan

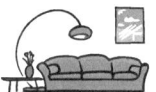

la sala

ke ting

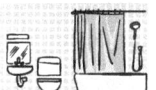

el cuarto de baño

yu shi

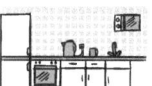

la cocina

chu fang

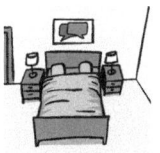

el dormitorio

wo shi

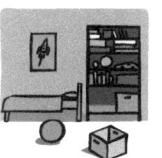

la habitación de los niños

er tong fang

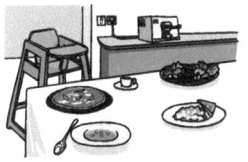

el comedor

can ting

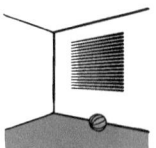

el suelo
di ban

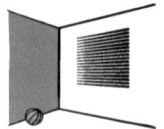

la pared
qiang bi

el techo
diao ding

el sótano
di jiao

la sauna
sang na

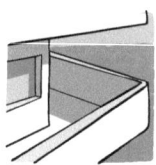

el balcón
yang tai

la terraza
lu tai

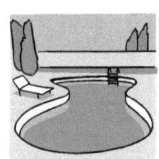

la piscina
you yong chi

el cortacésped
ge cao ji

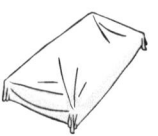

la sábana
bei dan

la colcha
chuang zhao

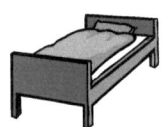

la cama
chuang

la escoba
sao zhou

el balde
shui tong

el interruptor
kai guan

la sala
ke ting

el papel pintado
bi zhi
la imagen
zhao pian
la lámpara
tai deng
el estante
ge jia
el armario
chu gui
la televisión
dian shi ji
la chimenea
bi lu
la flor
hua
el cojín
dian zi
el sofá
sha fa
el jarrón
hua ping
el mando a distancia
yao kong qi

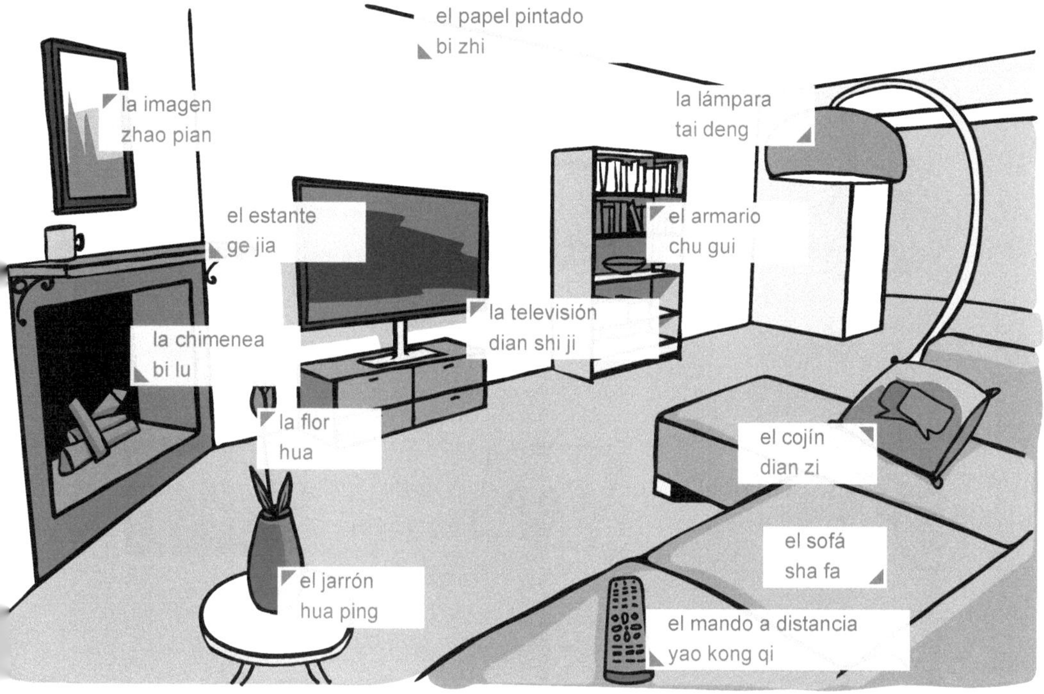

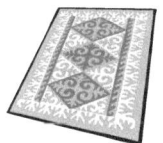

la alfombra
di tan

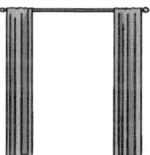

la cortina
chuang lian

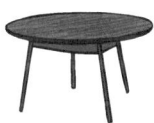

la mesa
can zhuo

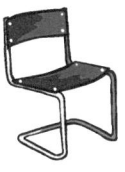

la silla
yi zi

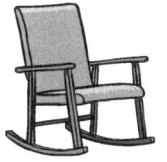

el mecedora
yao yi

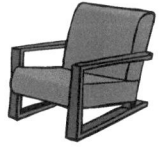

la butaca
fu shou yi

el libro

shu

la manta

tan zi

la decoración

zhuang shi pin

la leña

mu chai

la película

dian ying

el equipo de música

gao bao zhen yin xiang

la llave

yao shi

el periódico

bao zhi

la pintura

you hua

el póster

hai bao

la radio

shou yin ji

el cuaderno

bi ji ben

la aspiradora

xi chen qi

el cactus

xian ren zhang

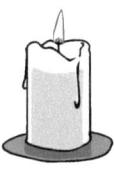

la vela

la zhu

la cocina
chu fang

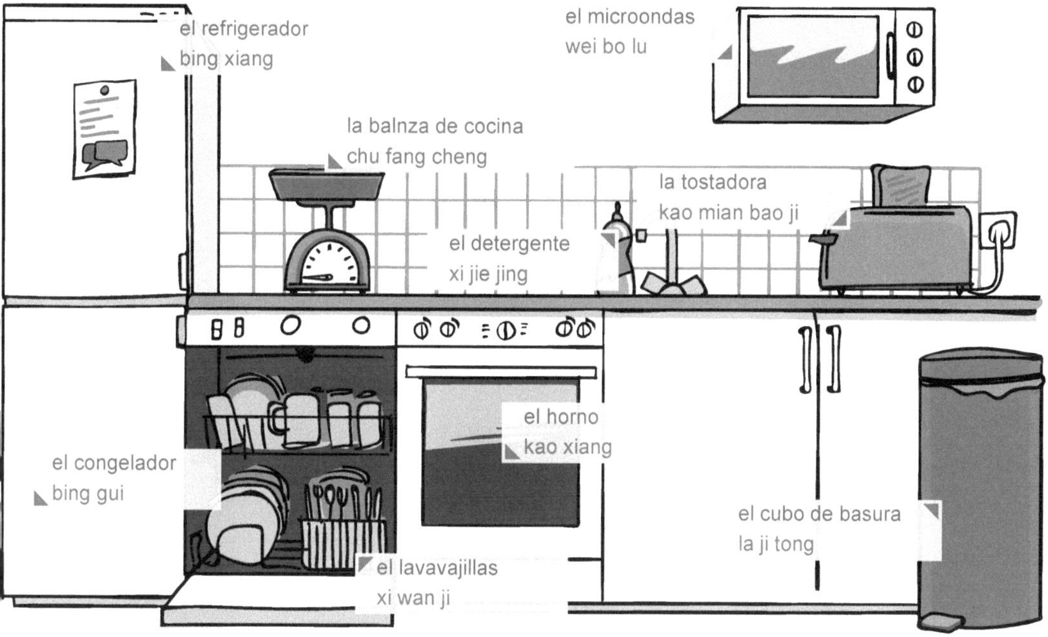
el refrigerador
bing xiang
el microondas
wei bo lu
la balnza de cocina
chu fang cheng
la tostadora
kao mian bao ji
el detergente
xi jie jing
el horno
kao xiang
el congelador
bing gui
el cubo de basura
la ji tong
el lavavajillas
xi wan ji

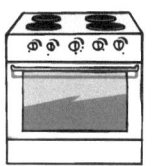

la olla a presión

chui ju

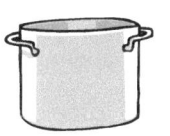

la olla

guo

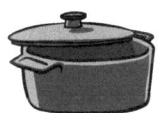

la olla de hierro fundido

zhu tie guo

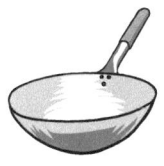

el wok

sha guo

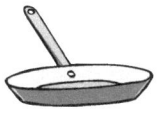

la cazuela

ping di guo

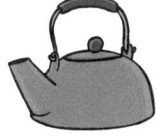

el hervidor

shui hu

la vaporera

zheng guo

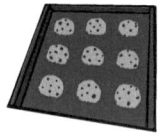

la chapa de horno

kao pan

la vajilla

tao ci guo

la taza

ma ke bei

el tazón

wan

los palillos

kuai zi

el cucharón

chang bing shao

la espumadera

chan zi

el batidor

jiao ban qi

el colador

lü wang

el cedazo

shai zi

el rallador

mo sui ji

el mortero

yan bo

la barbacoa

shao kao

la hoguera

ming huo

la tabla de picar

cai ban

el rodillo

gan mian zhang

el sacacorchos

kai ping qi

la lata

guan zi

el abrelatas

kai ping qi

el agarrador

ge re shou tao

el lavabo

shui cao

el cepillo

shua zi

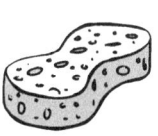

la esponja

hai mian

la batidora

jiao ban ji

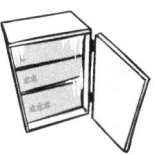

el congelador

leng cang xiang

el biberón

nai ping

el grifo

shui long tou

el cuarto de baño
yu shi

la calefacción
gong nuan she bei
la toalla
mao jin
la ducha
lin yu
la cortina de la ducha
yu lian
el baño de espuma
pao mo yu
la bañera
yu gang
el vaso
bo li bei
la lavadora
xi yi ji
el grifo
shui long tou
las baldosas
ci zhuan
el orinal
bian hu
el lavabo
shui cao

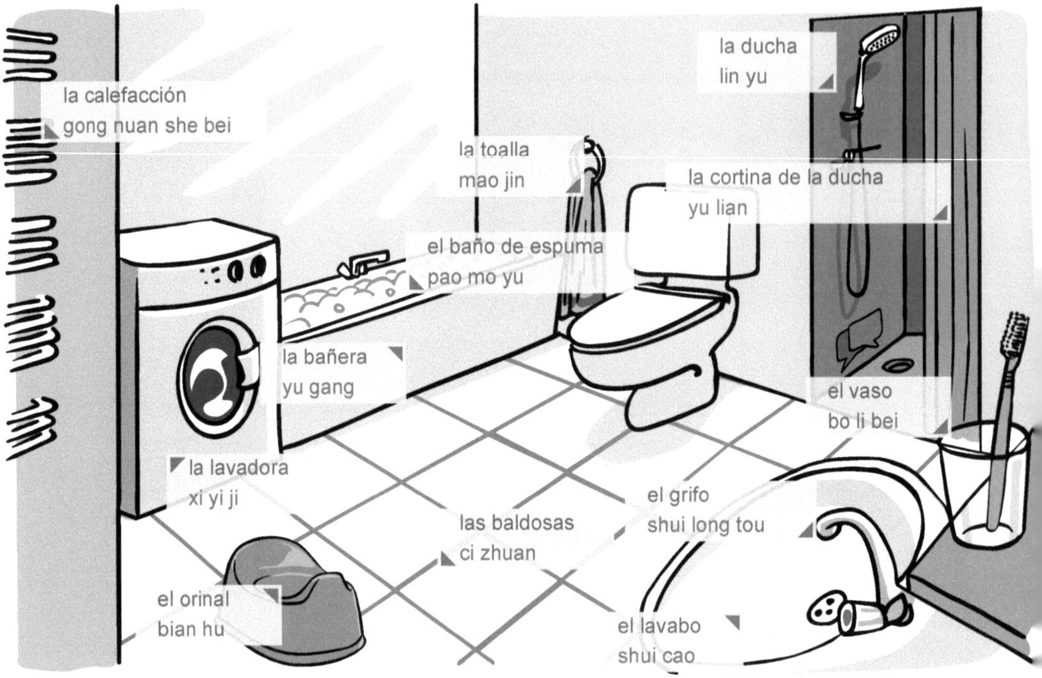

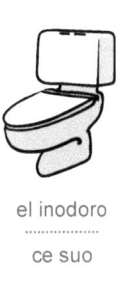

el inodoro

ce suo

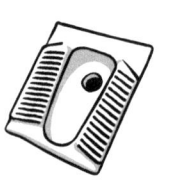

el inodoro rústico

dun bian qi

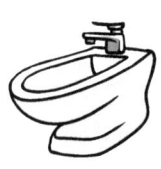

el bidé

zuo yu qi

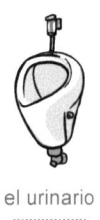

el urinario

xiao bian chi

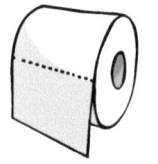

el papel higiénico

ce zhi

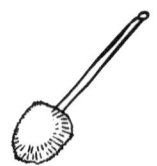

la escobilla del váter

ma tong shua

el cepillo de dientes

ya shua

la pasta de dientes

ya gao

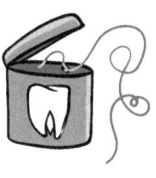

el hilo dental

ya xian

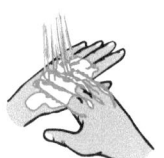

lavar

xi

la ducha de mano

shou chi shi pen lin tou

la ducha íntima

chong xi qi

la pila

xi lian pen

el cepillo de espalda

ca bei shua

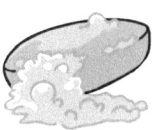

el jabón

fei zao

el gel de ducha

mu yu lu

el champú

xi fa shui

la toallita

fa lan rong

el desagüe

pai shui

la crema

ru shuang

el desodorante

chu chou ji

el espejo
jing zi

el espejo de tocador
shou jing

la maquinilla de afeitar
ti xu dao

la espuma de afeitar
ti xu pao mo

la loción postafeitado
xu hou shui

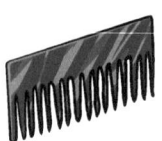

el peine
shu zi

el cepillo
shua zi

el secador
chui feng ji

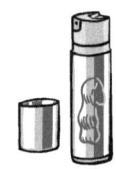

la laca
pen fa ding xing ji

el maquillaje
hua zhuang pin

el pintalabios
chun gao

el pintauñas
zhi jia you

el algodón
hua zhuang mian

el cortauñas
zhi jia jian

el perfume
xiang shui

el estuche de viaje

xi shu bao

la banqueta

deng zi

la balanza

ji zhong cheng

el albornoz

yu pao

los guantes de goma

xiang jiao shou tao

el tampón

wei sheng mian tiao

la compresa

wei sheng jin

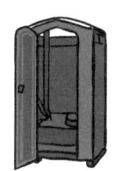

el inodoro químico

hua xue ce suo

la habitación de los niños

er tong fang

el despertador
nao zhong
el peluche
mao rong wan ju
el coche de juguete
wan ju che
el sonajero
bo lang gu
la casa de muñecas
wan ju wu
el regalo
li wu

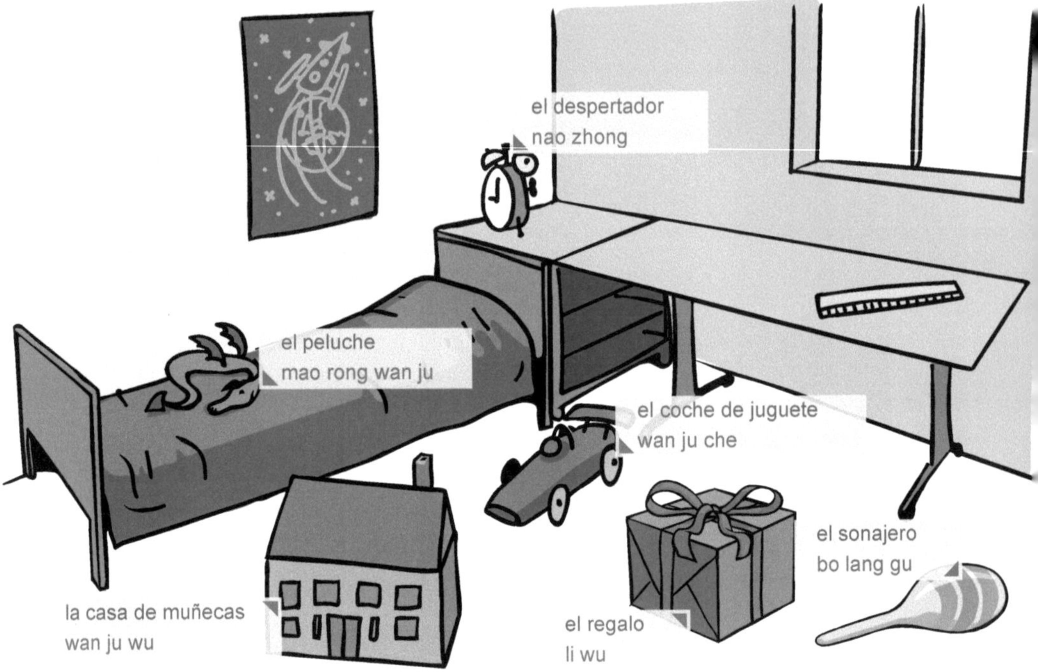

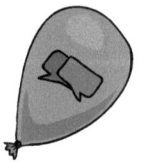

el globo

qi qiu

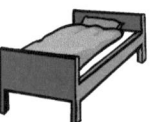

la cama

chuang

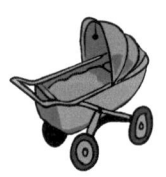

el coche de niño

(yang wa wa yong)ying er che

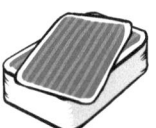

los naipes

pu ke pai

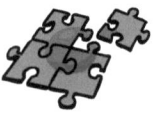

el puzle

pin tu

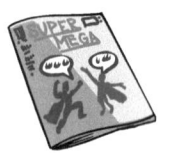

el tebeo

man hua

las piezas de lego

le gao ji mu

los bloques de juguete

ji mu wan ju

la figura de acción

wan ju ren

el bodi (de bebé)

ying er fu

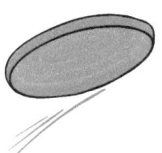

el frisbee

fei pan

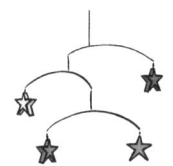

el colgador móvil para bebés

chuang ling wan ju

el juego de mesa

qi pan you xi

los dados

shai zi

el circuito de tren eléctrico

huo che mo xing

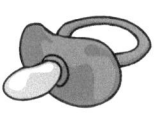

el maniquí

an fu nai zui

la fiesta

ju hui

el álbum de fotos

hui ben

la pelota

qiu

la muñeca

yang wa wa

jugar

wan

el cajón de arena

sha keng

el columpio

qiu qian

los juguetes

wan ju

la videoconsola

you xi ji

el triciclo

san lun che

el oso de peluche

tai di xiong

la guardarropa

yi chu

la ropa

yi fu

los calcetines

wa zi

las medias

chang wa

los leotardos

jin shen ku

la bufanda
wei jin

el cinturón
pi dai

el paraguas
yu san

la camiseta
T xu

las botas
xue zi

las zapatillas
tuo xie

las deportivas
yun dong xie

las sandalias
liang xie

los zapatos
xie

las botas de goma
yu xue

el slip
nei ku

el sostén
xiong zhao

el chaleco
bei xin

el bodi

shen ti

los pantalones cortos

ku zi

los vaqueros

niu zai ku

la falda

duan qun

la blusa

nü shi chen shan

la camisa

chen shan

el jersey

tao tou shan

el suéter

wei yi

el blazer

xi zhuang jia ke

la chaqueta

jia ke

el abrigo

wai tao

la gabardina

yu yi

el traje

tao zhuang

el vestido

lian yi qun

el vestido de novia

hun sha

el traje

xi zhuang

el camisón

shui pao

el pijama

shui yi

el sati

sha li

el bandana

tou jin

el turbante

bao tou jin

la burka

bo ka

el caftán

ka fu tan

la abaya

(a la bo shi)chang pao

el trajc de baño

yong yi

el bañador

nan shi yong ku

los pantalones cortos

duan ku

el chándal

yun dong fu

el delantal

wei qun

los guantes

shou tao

el botón

niu kou

las gafas

yan jing

el brazalete

shou lian

el collar

xiang lian

el anillo

jie zhi

el pendiente

er huan

la gorra

bian mao

la percha

yi jia

el sombrero

mao zi

la corbata

ling dai

la cremallera

la lian

el casco

tou kui

los tirantes

bei dai

el uniforme

xiao fu

el uniforme

zhi fu

el babero
wei dou

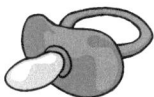

el maniquí
an fu nai zui

el pañal
niao bu shi

la oficina
ban gong shi

el servidor
fu wu qi

el archivo
wen jian gui

la impresora
da yin ji

el monitor
xian shi ping

el papel
zhi

el escritoria
ban gong zhuo

el ratón
shu biao

la carpeta
wen jian jia

el teclado
jian pan

la papelera
fei zhi kuang

la silla
yi zi

el ordenador
dian nao

la taza de café
ka fei bei

la calculadora
ji suan qi

el internet
yin te wang

el portátil

bi ji ben dian nao

la carta

xin jian

el mensaje

xiao xi

el móvil

shou ji

la red

wang luo

la fotocopiadora

fu yin ji

el software

ruan jian

el teléfono

dian hua

la toma de corriente

cha zuo

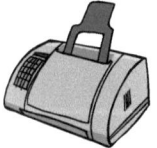

el fax

chuan zhen ji

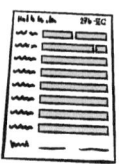

el formulario

biao ge

el documento

wen jian

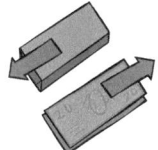

comprar

mai

pagar

fu qian

comerciar

jiao yi

el dinero

xian jin

el dólar

mei yuan

el euro

ou yuan

el yen

ri yuan

el rublo

lu bu

el franco suizo

rui shi fa lang

el renminbi yuan

ren min bi

la rupia

lu bi

el cajero automático

ti kuan chu

la oficina de cambio de divisas

wai bi dui huan chu

el oro

jin

la plata

yin

el petróleo

shi you

la energía

neng yuan

el precio

jia ge

el contrato

he tong

el impuesto

shui jin

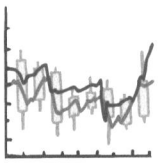

la acción

gu piao

trabajar

gong zuo

el empleador

zhi yuan

el empleador

lao ban

la fábrica

gong chang

la tienda de campaña

shang dian

los oficios
zhi ye

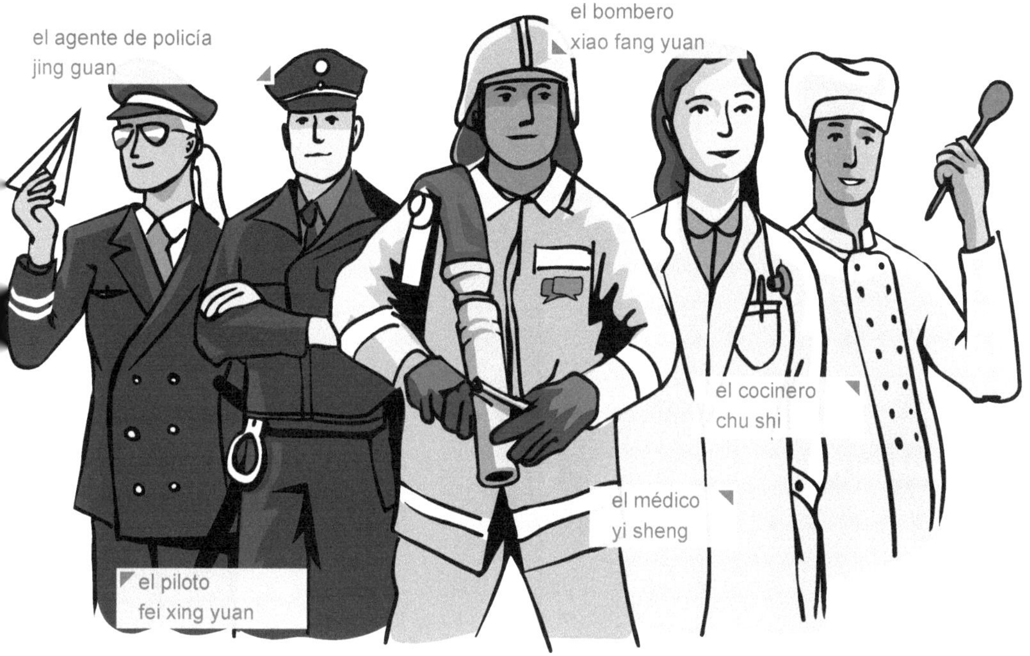
el agente de policía
jing guan
el bombero
xiao fang yuan
el cocinero
chu shi
el médico
yi sheng
el piloto
fei xing yuan

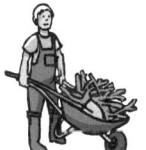

el jardinero

yuan ding

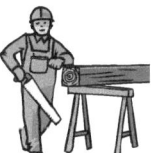

el carpintero

mu jiang

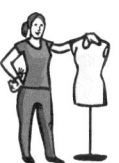

la costurera

cai feng

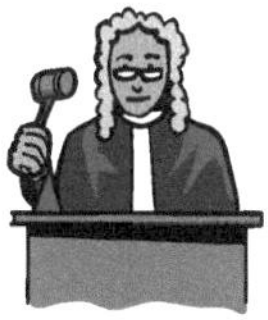

el juez

fa guan

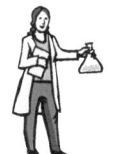

el farmacéutico

hua xue jia

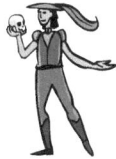

el actor

yan yuan

el conductor de autobús

gong jiao che si ji

el taxista

chu zu che si ji

el pescador

yu fu

la señora de la limpieza

qing jie nü gong

el techador

wu ding gong

el camarero

fu wu yuan

el cazador

lie ren

el pintor

hua jia

el panadero

mian bao shi

el electricista

dian gong

el obrero

jian zhu gong ren

el ingeniero

gong cheng shi

el carnicero

tu fu

el fontanero

shui guan gong

el cartero

you di yuan

los oficios - zhi ye

el soldado

shi bing

el arquitecto

jian zhu shi

el cajero

shou yin yuan

el florista

hua nong

el peluquero

li fa shi

el revisor

shou piao yuan

el mecánico

ji xie shi

el capitán

chuan zhang

el dentista

ya yi

el científico

ke xue jia

el rabino

la bi

el imán

yi ma mu

el monje

he shang

el sacerdote

mu shi

las herramientas
gong ju

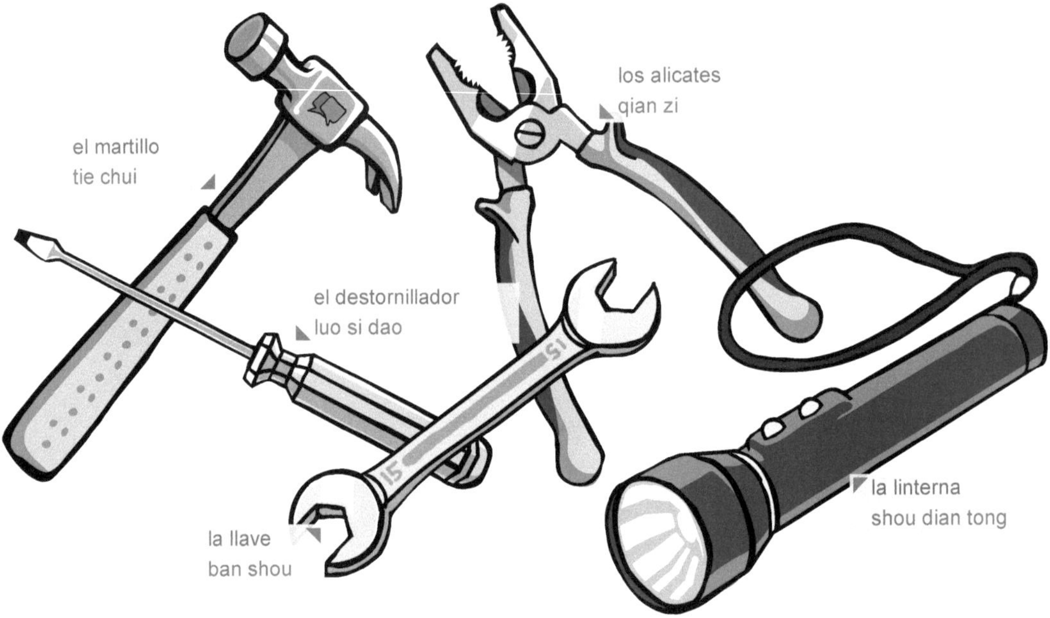

el martillo
tie chui
los alicates
qian zi
el destornillador
luo si dao
la llave
ban shou
la linterna
shou dian tong

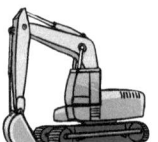

la excavadora

wa jue ji

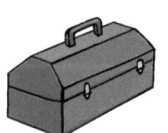

la caja de herramientas

gong ju xiang

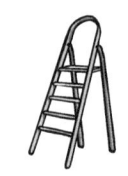

la escalera de mano

ti zi

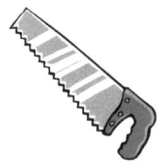

la sierra

ju zi

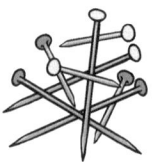

los clavos

ding zi

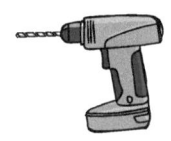

el taladro

zuan ji

reparar

xiu

la pala

chan zi

¡Maldita sea!

kao!

el recogedor

bo ji

el bote de pintura

you qi tong

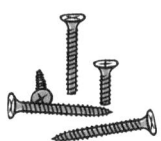

los tornillos

luo si

los instrumentos musicales

yue qi

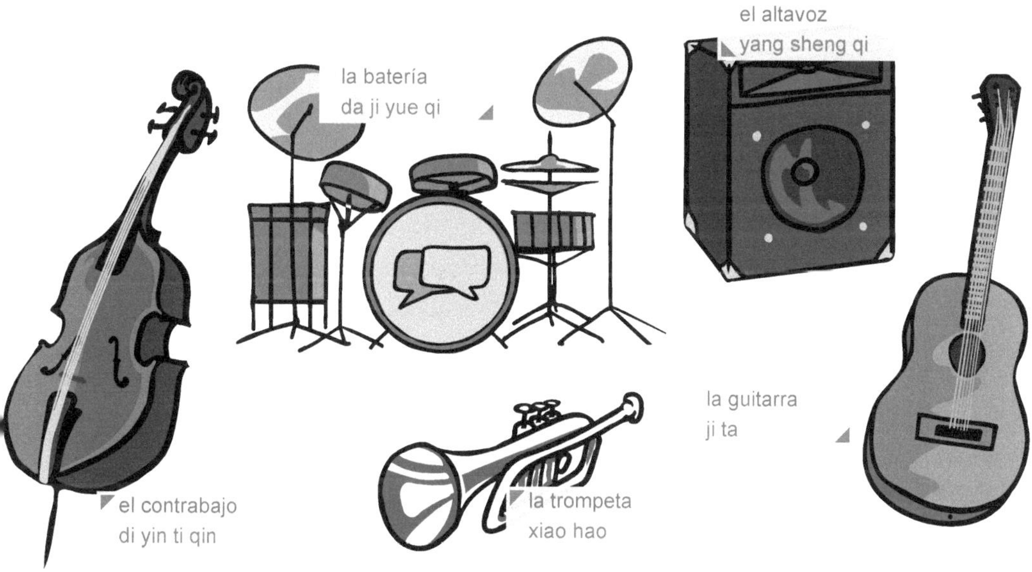

el altavoz
yang sheng qi

la batería
da ji yue qi

la guitarra
ji ta

el contrabajo
di yin ti qin

la trompeta
xiao hao

el piano

gang qin

el violín

xiao ti qin

bajo

bei si

los timbales

ding yin gu

el tambor

gu

el teclado

dian zi qin

el saxofón

sa ke si guan

la flauta

chang di

el micrófono

mai ke feng

el zoo

dong wu yuan

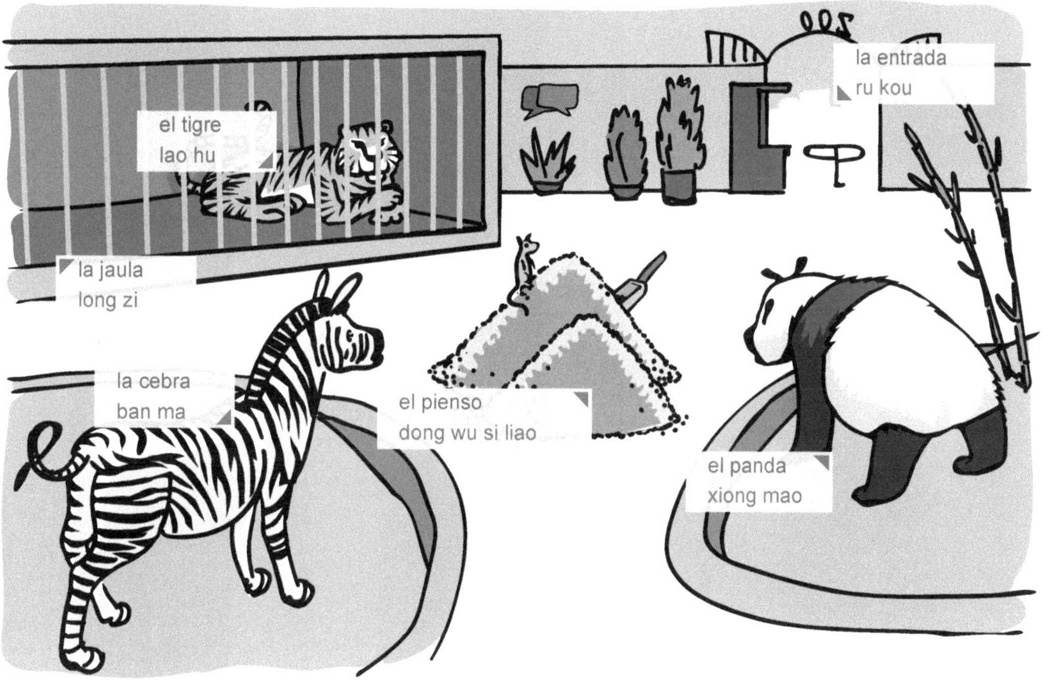
la entrada
ru kou
el tigre
lao hu
la jaula
long zi
la cebra
ban ma
el pienso
dong wu si liao
el panda
xiong mao

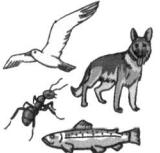

los animales

dong wu

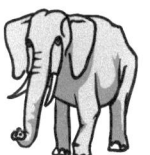

el elefante

da xiang

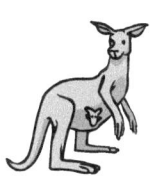

el canguro

dai shu

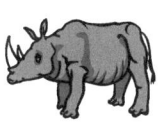

el rinoceronte

xi niu

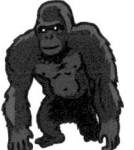

el gorila

da xing xing

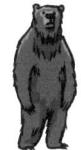

el oso

xiong

el camello

luo tuo

el avestruz

tuo niao

el león

shi zi

el mono

hou zi

el flamingo

huo lie niao

el loro

ying wu

el oso polar

bei ji xiong

el pingüino

qi e

el tiburón

sha yu

el pavo real

kong que

la serpiente

she

el cocodrilo

e yu

el guardián de zoológico

dong wu yuan guan li yuan

la foca

hai bao

el jaguar

mei zhou bao

el poni

ai zhong ma

el leopardo

bao

el hipopótamo

he ma

la jirafa

chang jing lu

el águila

lao ying

el jabalí

ye zhu

el pescado

yu

la tortuga

gui

la morsa

hai xiang

el zorro

hu li

la gacela

ling yang

el fútbol americano
gan lan qiu

el ciclismo
qi zi xing che

el tenis
wang qiu

el baloncesto
lan qiu

la natación
you yong

el hockey sobre hielo
bing qiu

el boxeo
quan ji

el fútbol
ying shi zu qiu

el bádminton
yu mao qiu

el atletismo
tian jing

el balonmano
shou qiu

el esquí
hua xue

el polo
ma qiu

saltar
tiao

abrazar
yong bao

reír
xiao

caminar
zou lu

cantar
chang

soñar
zuo meng

rezar
qi dao

besar
qin wen

escribir

shu xie

dibujar

hua

mostrar

zhan shi

empujar

tui

dar

gei

tomar

na

tener
you

hacer
zuo

ser
dang

estar de pie
zhan

correr
pao

tirar
la

tirar
reng

caer
shuai dao

yacer
tang

esperar
deng dai

llevar
xie dai

estar sentado
zuo

vestirse
chuan yi

dormir
shui jiao

despertar
xing lai

mirar

kan

llorar

ku

acariciar

fu mo

peinar

shu tou

hablar

jiao tan

entender

ming bai

preguntar

wen

escuchar

ting

beber

he

comer

chi

ordenar

qing li

amar

ai

cocinar

zuo fan

conducir

kai che

volar

fei

navegar

hang xing

calcular

ji suan

leer

du

aprender

xue xi

trabajar

gong zuo

casarse

jie hun

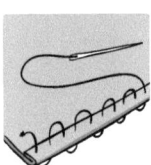

coser

feng

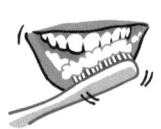

cepillarse los dientes

shua ya

matar

sha

fumar

chou yan

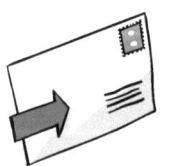

enviar

ji

la abuela
zu mu

el abuelo
zu fu

el padre
fu qin

la madre
mu qin

el bebé
ying tong

la hija
nü er

el hijo
er zi

el invitado

ke ren

la tía

a yi

el tío

shu shu

el hermano

xiong di

la hermana

jie mei

el cuerpo

shen ti

la frente
qian e
el ojo
yan jing
el hombro
jian bang
el dedo
shou zhi
la cara
lian
la barbilla
xia ba
la mano
shou
la pierna
tui
el pecho
ru fang
el brazo
shou bi

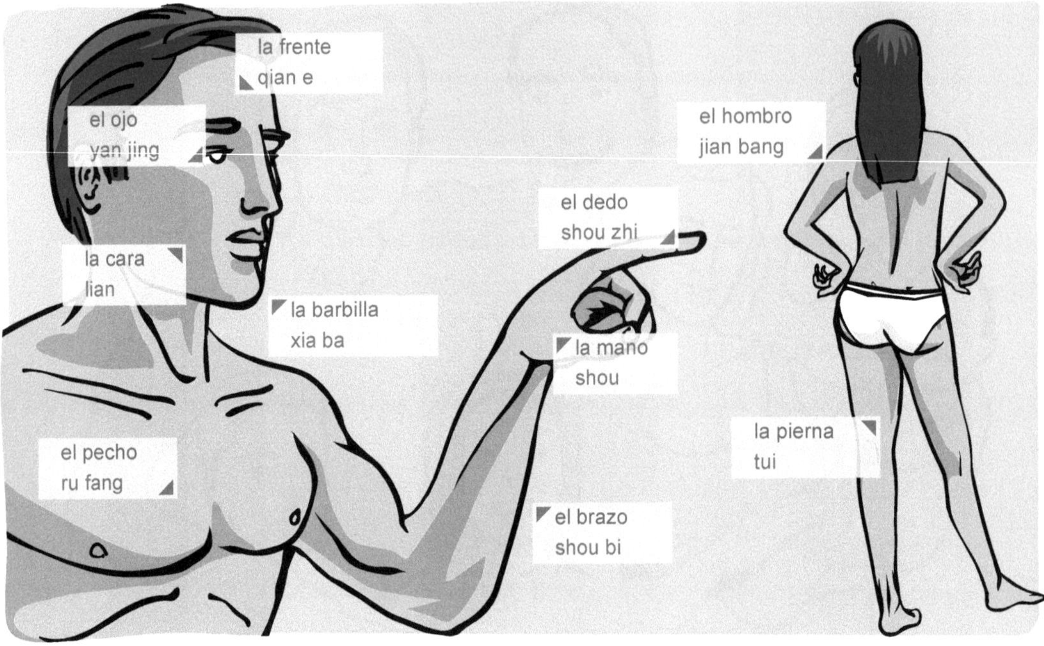

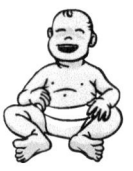

el bebé
ying tong

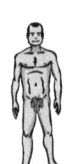

el hombre
nan ren

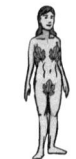

la mujer
nü ren

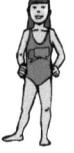

la chica
nü hai

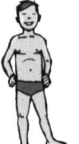

el chico
nan hai

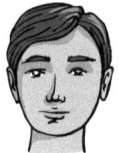

la cabeza
tou

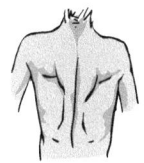

la espalda

bei bu

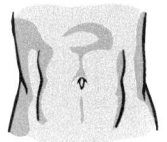

el vientre

du zi

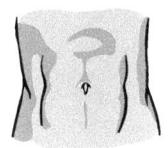

el ombligo

du qi

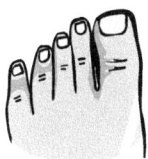

el dedo del pie

jiao zhi

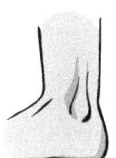

el talón

jiao hou gen

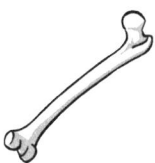

el hueso

gu tou

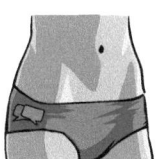

la cadera

tun bu

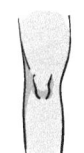

la rodilla

xi gai

el codo

shou zhou

la nariz

bi zi

el trasero

pi gu

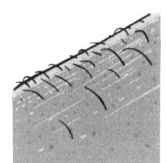

la piel

pi fu

la mejilla

lian jia

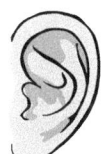

el oído

er duo

el labio

zui chun

la boca
zui

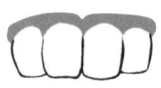

el diente
ya chi

la lengua
she tou

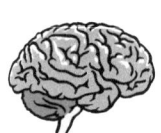

el cerebro
nao

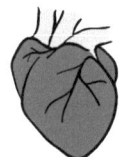

el corazón
xin zang

el músculo
ji rou

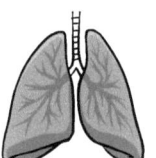

el pulmón
fei

el hígado
gan zang

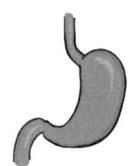

el estómago
wei

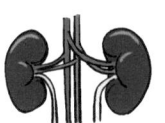

los riñones
shen zang

el sexo
xing jiao

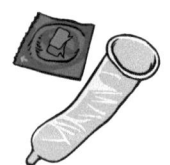

el condón
bi yun tao

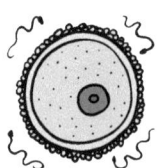

el ovario
luan zi

el semen
jing zi

el embarazo
huai yun

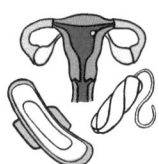

la menstruación

yue jing

la vagina

yin dao

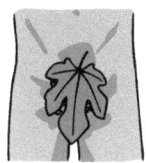

el pene

yin jing

la ceja

mei mao

el pelo

tou fa

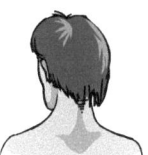

el cuello

bo zi

el hospital
yi yuan

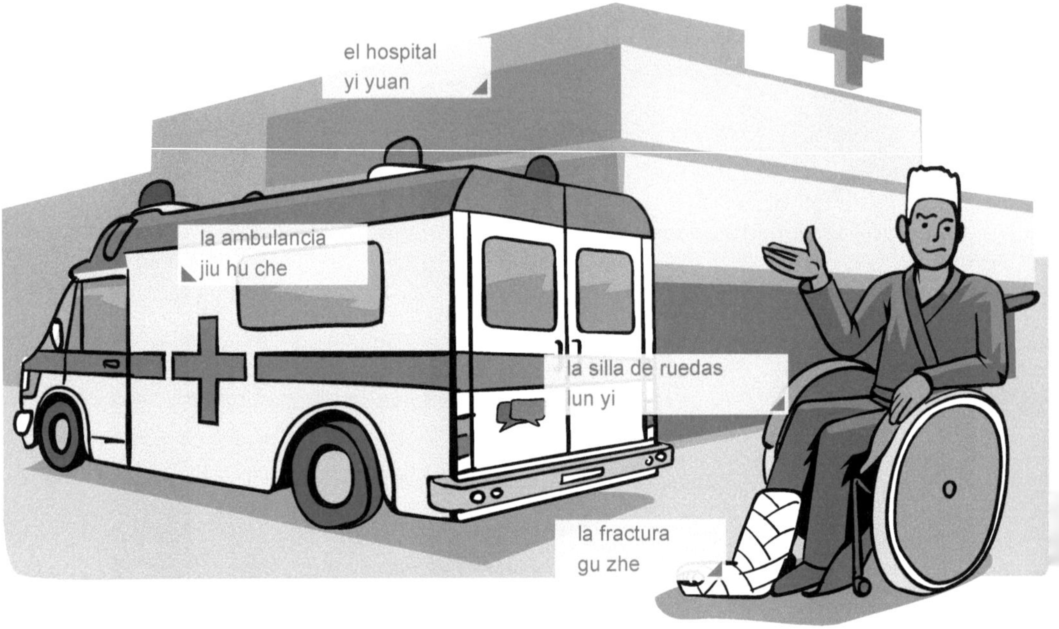

el hospital
yi yuan
la ambulancia
jiu hu che
la silla de ruedas
lun yi
la fractura
gu zhe

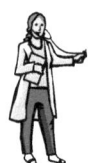

el médico

yi sheng

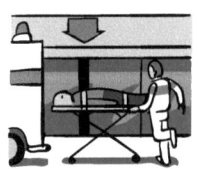

la sala de urgencias

ji zhen shi

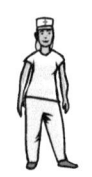

la enfermera

hu shi

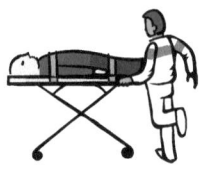

la urgencia

jin ji qing kuang

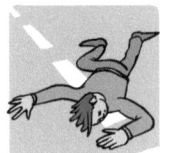

inconsciente

hun mi

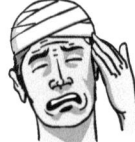

el dolor

tong

la lesión

shou shang

la hemorragia

chu xue

el infarto

xin zang bing fa zuo

el ictus

zhong feng

la alergia

guo min

la tos

ke sou

la fiebre

fa shao

la gripe

liu gan

la diarrea

fu xie

el dolor de cabeza

tou tong

el cáncer

ai zheng

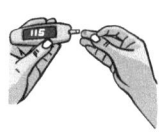

la diabetes

tang niao bing

el cirujano

wai ke yi sheng

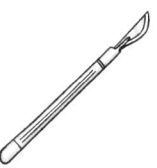

el bisturí

shou shu dao

la operación

shou shu

TAC
CT

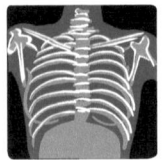

los rayos x
X guang

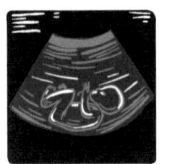

el ultrasonido
chao sheng bo

la mascarilla
kou zhao

la enfermedad
ji bing

la sala de espera
hou zhen shi

la muleta
guai zhang

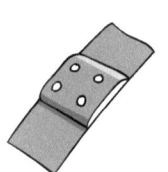

la tirita
shi gao

la venda
beng dai

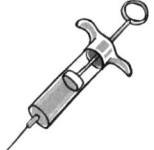

la inyección
zhu she

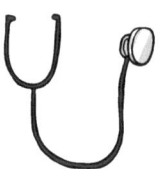

el estetoscopio
ting zhen qi

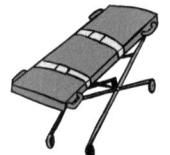

la camilla
dan jia

el termómetro
ti wen ji

el nacimiento
chu sheng

el sobrepeso
chao zhong

el audífono

zhu ting qi

el desinfectante

xiao du ye

la infección

gan ran

el virus

bing du

VIH / SIDA

ai zi bing

la medicina

yao wu

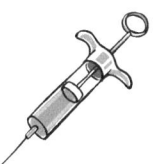

la vacunación

jie zhong yi miao

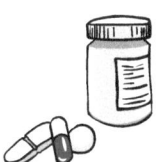

las tabletas

yao pian

la pastilla

yao wan

la llamada dc urgencia

ji jiu dian hua

el tensiómetro

xue ya ji

enfermo / sano

sheng bing/jian kang

¡Socorro!

jiu ming!

la alarma

jing bao

el asalto

tu ji

el ataque

gong ji

el peligro

wei xian

la salida de emergencia

jin ji chu kou

¡Fuego!

zhao huo la!

el extintor de incendios

mie huo qi

el accidente

yi wai

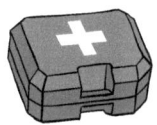

el botiquín de primeros
auxilios

ji jiu xiang

SOS

hu jiu xin hao

la policía

jing cha

Europa

ou zhou

Norteamérica

bei mei zhou

Sudamérica

nan mei zhou

África

fei zhou

Asia

ya zhou

Australia

ao zhou

el atlántico

da xi yang

el Pacífico

tai ping yang

el Océano Índico

yin du yang

el Océano Antártico

nan bing yang

el Océano Ártico

bei bing yang

el polo norte

bei ji

el polo sur

nan ji

La Antártida

nan ji zhou

la tierra

di qiu

la tierra

lu di

el mar

hai

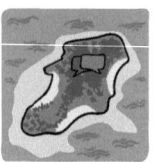

la isla

dao

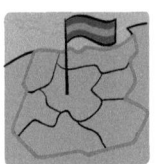

la nación

guo jia

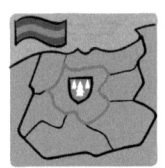

el estado

guo jia

la esfera

zhong mian

la manecilla de las horas

shi zhen

el minutero

fen zhen

el segundero

miao zhen

¿Qué hora es?

xian zai ji dian?

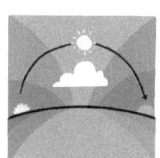

el día

tian

el tiempo

shi jian

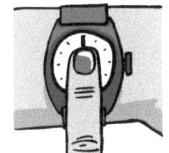

ahora

xian zai

el reloj digital

dian zi biao

el minuto

fen

la hora

shi

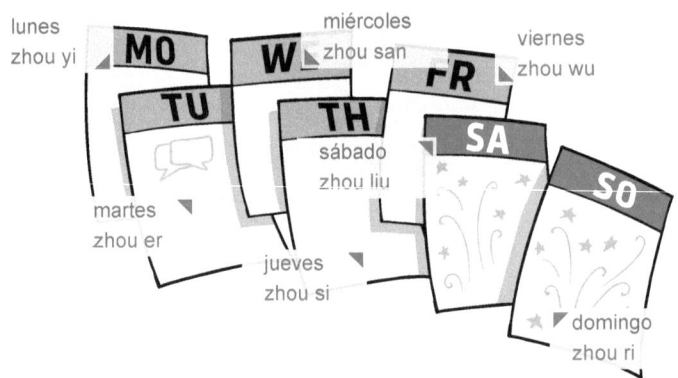

lunes
zhou yi

miércoles
zhou san

viernes
zhou wu

martes
zhou er

sábado
zhou liu

jueves
zhou si

domingo
zhou ri

ayer

zuo tian

hoy

jin tian

mañana

ming tian

la mañana

zao chen

el mediodía

zhong wu

la tarde

wan shang

los días laborables

gong zuo ri

el fin de semana

zhou mo

el año
nian

la lluvia
yu
el arcoíris
cai hong
la nieve
xue
el viento
feng
la primavera
chun
el otoño
qiu
el verano
xia
el invierno
dong

4.APRIL 11°
5.APRIL 4°
6.APRIL 13°
7.APRIL 8°
8.APRIL 10°

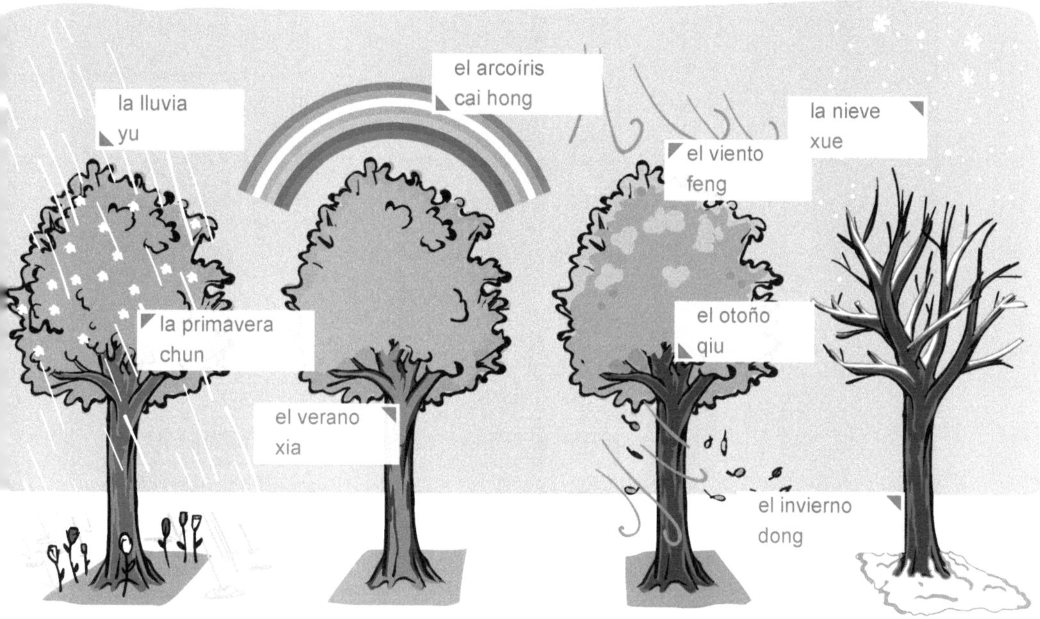

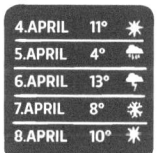

el pronóstico del tiempo

tian qi yu bao

F
C
120
90
60
30
0
-30
40
30
20
10
0
-10
-20

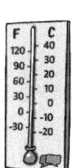

el termómetro

wen du ji

el sol

yang guang

la nube

yun

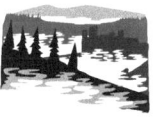

la niebla

wu

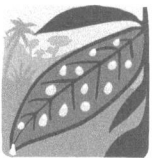

la humedad

chao shi

el rayo
....
shan dian

el trueno
....
da lei

la tormenta
....
feng bao

el granizo
....
bing bao

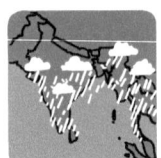

el monzón
....
ji feng

la inundación
....
hong shui

el hielo
....
bing

enero
....
yi yue

febrero
....
er yue

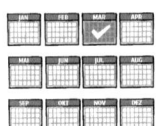

marzo
....
san yue

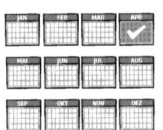

abril
....
si yue

mayo
....
wu yue

junio
....
liu yue

julio
....
qi yue

agosto
....
ba yue

el año - nian

septiembre

jiu yue

octubre

shi yue

noviembre

shi yi yue

diciembre

shi er yue

las formas
xing zhuang

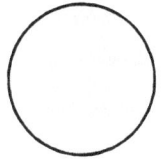

el círculo

yuan xing

el cuadrado

zheng fang xing

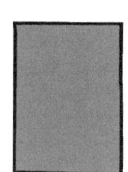

el rectángulo

chang fang xing

el triángulo

san jiao xing

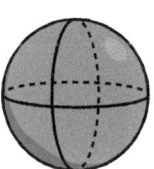

la esfera

qiu ti

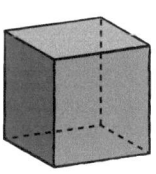

el cubo

li fang ti

blanco

bai

amarillo

huang

anaranjado

cheng

rosa

fen

rojo

hong

morado

zi

azul

lan

verde

lü

marrón

zong

gris

hui

negro

hei

mucho / poco

hen duo/shao xu

enojado / tranquilo

sheng qi/ping jing

bonito / feo

mei/chou

principio / fin

shou/wei

grande / pequeño

da/xiao

claro / oscuro

ming/an

el hermano / la hermana

xiong di/jie mei

limpio / sucio

gan jing/ang zang

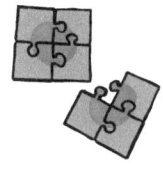

completo / incompleto

wan zheng/que shi

el día / la noche

bai tian/wan shang

muerto / vivo

si/sheng

ancho / estrecho

kuan/zhai

comestible / no comestible

ke shi yong/fei shi yong

malo / amable

xie e/shan liang

entusiasmado / aburrido

xing fen/wu liao

gordo / delgado

pang/shou

primero / último

di yi/zui hou

el amigo / el enemigo

peng you/di ren

lleno / vacío

man/kong

duro / blando

ying/ruan

pesado / ligero

zhong/qing

el hambre / la sed

e/ke

enfermo / sano

sheng bing/jian kang

ilegal / legal

fei fa/he fa

inteligente / tonto

cong ming/yu ben

izquierda / derecha

zuo/you

cerca / lejos

jin/yuan

nuevo / usado

xin/jiu

nada / algo

mei you/you xie

viejo / joven

lao/you

encendido / apagado

kai/guan

abierto / cerrado

da kai/he shang

silencioso / ruidoso

an jing/chao nao

rico / pobre

fu/qiong

correcto / incorrecto

dui/cuo

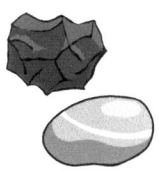

áspero / suave

cu cao/guang hua

triste / contento

shang xin/gao xing

corto / largo

duan/chang

lento / rápido

man/kuai

húmedo / seco

shi/gan

cálido / frío

wen nuan/liang shuang

guerra / paz

zhan zheng/he ping

0

cero

ling

1

uno

yi

2

dos

er

3

tres

san

4

cuatro

si

5

cinco

wu

6

seis

liu

7

siete

qi

8

ocho

ba

9

nueve

jiu

10

diez

shi

11

once

shi yi

12

doce

shi er

13

trece

shi san

14

catorce

shi si

15

quince

shi wu

16

dieciséis

shi liu

17

diecisiete

shi qi

18

dieciocho

shi ba

19

diecinueve

shi jiu

20

veinte

er shi

100

cien

bai

1.000

mil

qian

1.000.000

el millón

bai wan

el inglés

ying yu

el inglés americano

mei shi ying yu

el chino madarín

pu tong hua

el hindi

yin di yu

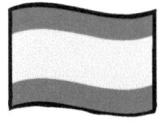

el español

xi ban ya yu

el francés

fa yu

el árabe

a la bo yu

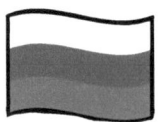

el ruso

e yu

el portugués

pu tao ya yu

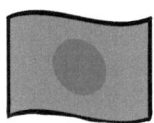

el bengalí

feng jia la yu

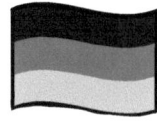

el alemán

de yu

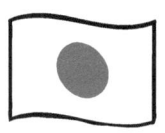

el japonés

ri yu

yo

wo

tú

ni

él / ella / ello

ta/ta/ta

nosotros/as

wo men

vosotros/as

ni men

ellos/as

ta men

¿quién?

shei?

¿qué?

shen me?

¿cómo?

zen yang?

¿dónde?

na li?

¿cuándo?

shen me shi hou?

el nombre

ming zi

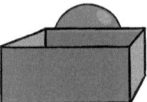

detrás

hou mian

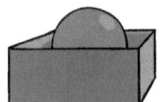

en

li mian

delante de

qian mian

por encima de

shang fang

sobre

shang mian

debajo de

xia mian

junto a

pang bian

entre

zhong jian

el lugar

di dian